AF371151

REGLEMENT

CONCERNANT

LES DRAGONS.

Du 10 Avril 1773.

DE PAR LE ROI.

SA MAJESTÉ voulant régler l'ordre de bataille de ses Régimens de Dragons, relativement à la nouvelle composition, déterminer les places que les Officiers & Bas-Officiers doivent y occuper, & renouveller ses intentions sur le maintien de l'Instruction, a ordonné & ordonne ce qui suit :

DE LA FORMATION.

ARTICLE PREMIER.

CHAQUE Compagnie, Escadron, ou Régiment, continuera, jusqu'à ce qu'il plaise à Sa Majesté d'en ordonner autrement, de se former sur deux rangs, toutes les fois qu'il montera à cheval ou qu'il prendra les armes à pied, ainsi qu'il est réglé par l'Instruction des manœuvres du premier Mai 1767.

A

2.

CHAQUE Compagnie étant formée en bataille fur deux rangs, fera divifée en deux divifions.

La première divifion comprendra le demi-rang de la droite, & la feconde divifion comprendra le demi-rang de la gauche.

3.

LE premier Brigadier dans chaque Compagnie fera placé à la gauche, & le premier Appointé à la droite du premier rang de la première divifion.

Le troifième Brigadier fera placé à la droite, & le troifième Appointé à la gauche du fecond rang de cette première divifion.

Le deuxième Brigadier fera placé à la droite, & le deuxième Appointé à la gauche du premier rang de la feconde divifion.

Le quatrième Brigadier fera placé à la gauche, & le quatrième Appointé à la droite du fecond rang de cette feconde divifion.

4.

LE premier Maréchal-des-logis fera placé à la droite, & le fecond à la gauche du premier rang de la Compagnie, formant chacun le Chef-de-file du Brigadier de l'aîle du fecond rang.

5.

LE refte des files de chaque divifion fera compofé, au premier rang, des Dragons les plus élevés, eu égard cependant à leur ancienneté & à leur intelligence, & au fecond rang, de ceux qui le feront le moins, ayant encore attention de placer au premier rang, & principalement fur les aîles, les chevaux qui y feront les plus propres.

6.

L E Fourrier continuera d'être placé en ferre-file, derrière le centre de la Compagnie, ayant la tête de fon cheval à un pas de diftance du dernier rang.

On fuivra le même ordre pour la formation de toutes les Compagnies, fans aucune exception.

7.

L E S douze Compagnies dont eft compofé aujourd'hui un Régiment, formeront trois Efcadrons.

La première, la quatrième, la feptième & la dixième Compagnies formeront le premier Efcadron, qui fera placé à la droite.

La deuxième, la cinquième, la huitième & la onzième Compagnies formeront le fecond Efcadron, qui fera placé à la gauche du premier.

La troifième, la fixième, la neuvième & la douzième Compagnies formeront le troifième Efcadron, qui fera placé à la gauche du fecond.

8.

CHACUNE de ces Compagnies fera placée dans l'Efcadron dont elle fera partie, fuivant fon ordre d'ancienneté : c'eft à dire, que la première ou plus ancienne Compagnie de chaque Efcadron fera placée à la droite ; la feconde à la gauche de la première ; la troifième à la gauche de la feconde, & la quatrième à la gauche de la troifième, fans aucune inverfion quelconque.

9.

L E Lieutenant de chacune des première & troifième Compagnies de chaque Efcadron, fe placera à la droite du premier rang, & le Sous-lieutenant à la droite du fecond.

A ij

Le Lieutenant de chacune des deuxième & quatrième Compagnies de chaque Escadron , se placera à la gauche du premier rang , & le Sous-lieutenant à la gauche du second rang.

10.

LE plus ancien des quatre Capitaines attachés à chaque Escadron, se placera à la tête de l'Escadron , ayant la croupe de son cheval un pas en avant du centre du premier rang.

Le second Capitaine se placera , en serre-file, derrière le centre de l'Escadron , ayant la tête de son cheval à deux pas de distance du dernier rang.

Le troisième Capitaine se placera à la droite & le quatrième à la gauche du premier rang de l'Escadron, à côté du Lieutenant.

11.

CHACUN des Porte-guidons sera placé dans le second rang de la seconde Compagnie de l'Escadron, à la troisième file de la gauche.

12.

LES trois Dragons dont les Porte-guidons occuperont la place dans les rangs , seront placés à la droite du premier Escadron, ainsi que les Dragons qui se trouveront surnuméraires de quelques Compagnies , après que les divisions auront été égalisées : cette Troupe sera sous les ordres du Quartier-maître , & le Commandant en disposera comme il le jugera à propos , soit pour former l'avant-garde , ou être employée à tout autre objet.

13.

LES quatre Tambours de chaque Escadron seront placés sur deux rangs à la droite de leur Escadron, & sur le même alignement ; ou si le Commandant juge à propos de les faire marcher tous à la tête du Régiment,

5

ils se réuniront à la droite du premier Escadron , où ils se formeront également sur deux rangs.

14.

LE premer Aide-major se placera à la droite du premier Escadron , & le second Aide-major à la droite du second , sur l'alignement du premier rang.

Le premier Sous-aide-major se placera à la droite & le second Sous-aide-major à la gauche du troisième Escadron , aussi sur l'alignement du premier rang : ces Officiers pourront vaquer cependant où le bien du service l'exigera.

15.

LE Mestre-de-camp, le Lieutenant-colonel & le Major continueront de se placer à la tête du premier Escadron, le Lieutenant-colonel à la droite, & le Major à la gauche du Mestre-de-camp , ayant la croupe de leurs chevaux à deux pas en avant de l'alignement de l'Officier de cet Escadron; bien entendu qu'ils pourront se porter par-tout où le bien du service l'exigera.

16.

LORSQUE le Mestre-de-camp & le Lieutenant-colonel jugeront à propos de prendre le commandement d'un Escadron, ils se placeront chacun à la droite du Capitaine qui sera à la tête de l'Escadron dont ils prendront le commandement.

17.

LE Major devant veiller à toutes les manœuvres, & vaquer où le besoin l'exige, ne prendra jamais le commandement particulier d'un Escadron ou d'une Troupe.

18.

DANS le cas où l'un des Capitaines-commandans d'Escadron se trouveroit absent ou blessé, le second Capi-

taine de l'Efcadron en prendroit auffitôt le commandement; mais lorfque le commandement d'un Efcadron
vaquera par mort, il appartiendra au plus ancien des neuf
derniers Capitaines - factionnaires, qu'on fera paffer au
troifième Efcadron avec fa Compagnie, à la première
occafion où le Régiment montera à cheval.

19.

T O U T E S les fois qu'il y aura des Officiers ou Bas-
officiers abfens, ils feront remplacés par le grade infé-
rieur de la même Compagnie; & lorfque le Capitaine
de ferre-file d'un Efcadron prendra, en l'abfence du premier Capitaine, le commandement de l'Efcadron, il fera
remplacé fucceffivement, foit en ferre-file, foit dans le
commandement, par le troifième Capitaine, & celui-ci
par le quatrième.

20.

Q U A N D l'un des Portes-guidon fera abfent, il
fera remplacé par le premier Maréchal-de-logis de la
première Compagnie de l'Efcadron où il manquera.

21.

L O R S Q U' E N F I N le Fourrier d'une Compagnie fe
trouvera abfent, le premier Maréchal - des - logis de la
même Compagnie occupera fa place, & ainfi de fuite.

22.

L O R S de l'affemblée du Régiment, & dans les cas de
parade, les Officiers fe placeront à la tête de leur Compagnie, tous fur le même alignement, de même que les
Officiers-majors en avant de l'aîle de leur Efcadron.

23.

T O U T E S les fois que les Efcadrons fe rompront par
Compagnie, pour marcher en colonne de route, le Capi-

taine, le Lieutenant & le Sous-lieutenant de chaque Compagnie marcheront à la tête de leur Compagnie, le Lieutenant à la droite & le Sous-lieutenant à la gauche du Capitaine ; & le Fourrier marchera en ferre-file.

Places des Officiers dans la formation à pied.

24.

Lorsqu'un Régiment de Dragons prendra les armes à pied pour s'exercer aux différentes évolutions, ou qu'il mettra pied à terre en avant de ses Escadrons pour combattre, il se formera sur deux rangs, ainsi qu'il vient d'être prescrit à cheval ; mais avec cette différence, qu'il ne laissera aucun intervalle entre les Escadrons, & que les Capitaines & les Lieutenans se placeront de la manière suivante.

25.

Le Capitaine de chacune des première & troisième Compagnies se placera à la droite de sa Compagnie, & le Capitaine de chacune des deuxième & quatrième Compagnies se placera à la gauche de sa Compagnie, tous sur l'alignement du premier rang, & sur la file du Sous-lieutenant du second rang.

26.

Le Lieutenant de chacune des Compagnies du Régiment, sans exception, se placera en ferre-file derrière la première division de sa Compagnie, & le Fourrier sera également placé en ferre-file derrière la seconde division, sur l'alignement du Lieutenant. La formation particulière des Compagnies sera d'ailleurs la même que celle qui est prescrite à cheval.

27.

Le Meftre-de-camp se placera vis-à-vis le centre de

l'Efcadron de la droite, à deux pas en avant du premier rang, & le Lieutenant-colonel vis-à-vis le centre de l'Efcadron de la gauche.

28.

LE Major fe placera derrière le centre du Régiment, à fix pas en arrière des ferre-files, & pourra fe porter où befoin fera.

Les Officiers-majors fe placeront en arrière de l'aîle des Efcadrons auxquels ils feront attachés, & fur le même alignement du Major : ces Officiers pourront fe porter de même par-tout où le fervice l'exigera, ainfi que le Quartier-maître qui fe placera à la gauche du Régiment fur l'alignement du dernier rang.

29.

LES Tambours feront placés fur deux rangs à la droite du Régiment, ou moitié à la droite & moitié à la gauche, & fe réuniront derrière le centre pour s'y placer à deux pas en arrière des ferre-files, lorfque le Commandant le jugera à propos.

30.

DANS le cas de parade & d'affemblée du Régiment, les Officiers fe placeront à la tête de leurs Compagnies.

31.

LE Régiment, les Efcadrons, les Compagnies & les Divifions conferveront à pied, ainfi qu'à cheval, la même dénomination.

32.

LE Corps des Dragons étant également deftiné à faire le fervice à pied & à cheval, l'intention de Sa Majefté eft que le fervice à pied foit confidéré comme le premier, & qu'il foit commandé de préférence à celui à cheval.

33.

L'Ecole d'équitation qui a été établie précédemment à Cambray, ayant dû procurer à chaque Régiment de Dragons un fonds d'Officiers & d'Eleves en état d'administrer les principes qu'ils y ont reçus, Sa Majesté a lieu de croire que les Commandans des Corps ont apporté tous leurs soins pour entretenir dans chaque Régiment un fonds d'instruction susceptible de se perpétuer, & Elle compte assez sur leur zèle, pour ne rien négliger à cet égard.

L'intention de Sa Majesté est pour cet effet qu'il soit entretenu dans chaque Régiment de Dragons une Ecole d'équitation particulière, dont l'objet sera d'instruire les nouveaux Officiers & Bas-officiers, & de former pour chaque Compagnie un nombre d'Elèves toujours en état d'y répandre les principes sur lesquels ils auront été exercés.

Cette Ecole sera dirigée par les Officiers & Elèves dont les talens seront reconnus : elle sera divisée en plusieurs Classes qui seront exercées trois fois par semaine ; mais la dernière le sera plus souvent, pour en hâter les progrès.

On n'y exercera au galop que les premières Classes, & toujours en file, & l'on n'y fera exécuter que des manœuvres militaires.

34.

Le Commandant fera la plus grande attention à ce que les nouveaux Officiers & Bas-officiers travaillent avec assiduité, & qu'ils parviennent, par leur application, au degré de connoissances qui leur est nécessaire, relativement à leur grade, pour exercer leur Compagnie, & instruire avec d'autant plus de succès les Dragons de recrue.

35.

L'ARRANGEMENT du travail pour l'équitation particulière de chaque Compagnie, fera prefcrit par le Commandant. Les Dragons les moins intelligens, ainfi que
les Dragons de recrue, y feront exercés & inftruits ;
mais les anciens Dragons & ceux qui auront fait fuffi-
famment de progrès, en feront exempts ; ils n'y feront
quelquefois affujettis que pour les entretenir & exercer
leurs chevaux, lorfque le mauvais temps ne permettra pas
de manœuvrer.

36.

LE Commandant fera exercer chaque Compagnie
féparément ; & lorfque le terrain ou le mauvais temps ne
le permettra pas, il fera raffembler plufieurs Compagnies,
& à des heures différentes, au manége couvert, pour y
être inftruites par les Officiers & Elèves qui y feront
attachés.

37.

LES Compagnies qui manqueront de fujets en état de
donner leçon aux Dragons, feront raffemblées & exercées par les Officiers-majors & les Elèves que le Commandant défignera à cet effet.

38.

LE Commandant veillera particulièrement à l'uniformité des principes, & à ce que les Dragons de recrue
foient mis en état d'entrer dans l'Efcadron, après fix mois
d'inftruction au plus tard.

39.

LES vieux chevaux, & par préférence ceux qui feront
deftinés à être réformés, feront employés à exercer les

Dragons de recrue, tant pour la fûreté de l'homme, que pour tirer un refte de fervice des chevaux tarés.

40.

LES chevaux de remonte qui feront trop jeunes, feront exercés en particulier avec beaucoup de précautions, peu fouvent & fans fatigue ; & il n'en fera mis aucun dans l'Efcadron, qu'à cinq ans faits.

41.

IL fera établi, dans chaque Régiment de Dragons, une École de théorie, pour inftruire les nouveaux Officiers & Bas-officiers fur les principes généraux & les manœuvres prefcrites par l'Ordonnance. Cette École aura lieu une fois par femaine, pendant les fix mois d'hiver, & elle fe tiendra chez le Commandant, chez le Major, ou dans tout autre lieu défigné à cet effet.

42.

SA MAJESTÉ défend très-expreffément à tout Meftre-de-Camp ou autre Officier fupérieur, d'introduire dans leur Régiment, fous prétexte de l'inftruction des Officiers & Bas-officiers , des méthodes ou abrégés de théorie, par demandes & réponfes : enjoignant Sa Majefté aux Commandans des Corps où ces méthodes fcholaftiques & fi contraires à l'uniformité générale auroient lieu , de fe conformer exclufivement & avec la plus grande exactitude , aux principes établis dans l'Inftruction des manœuvres.

43.

VEUT en conféquence Sa Majefté, que les Infpecteurs généraux chargés de faire les revues d'infpection de fes Régimens de Dragons, faffent, lors defdites revues , des examens très-fcrupuleux à ce fujet, ainfi que du travail & des

progrès de chaque Officier en particulier, & des Bas-officiers Elèves de chaque Compagnie, & qu'ils en rendent
compte au Secrétaire d'État ayant le département de la
Guerre.

44.

SA MAJESTÉ se fera rendre compte des Officiers
& Bas-officiers Elèves qui donneront des preuves de
leur application, & qui, par leur zèle pour son service,
contribueront le plus dans la partie de l'équitation, à l'inftruction générale, son intention étant d'y avoir égard dans
les circonstances qui se présenteront, pour leur procurer
les graces & l'avancement dont ils seront susceptibles.

DES JOURS D'EXERCICES.

45.

LORSQUE les nouveaux Officiers & Dragons de
recrue seront parvenus au degré d'instruction nécessaire
pour manœuvrer, alors ils ne seront plus sujets qu'aux
exercices généraux de la Compagnie, de l'Escadron, ou du
Régiment.

46.

A commencer du premier Novembre jusqu'au premier
Mai, on exercera les Compagnies une fois par semaine,
dans les manèges couverts; elles y exécuteront au pas &
au trot les manœuvres de détail, & seront commandées
en tout ou en partie, par les Officiers & Bas-officiers;
cet exercice durera une heure environ, mais pas plus
d'une heure & demie.

47.

PENDANT ces six mois d'hiver, les Dragons seront
exercés en particulier à l'espadon deux fois par semaine,
tant à pied que sur le cheval de bois, & jusqu'à ce que
le Commandant les jugera assez instruits.

48.

INDÉPENDAMMENT de ces exercices de détail, lorfque le temps le permettra, on fera monter, tous les quinze
jours, le Régiment à cheval, pour faire une promenade
à environ une lieue & revenir à fon quartier, afin d'entretenir les chevaux à marcher en troupe & les Cavaliers
à bien marcher en colonne.

49.

PENDANT le mois de Mai, on enverra au verd les
chevaux qui en auront befoin, & on repaffera l'inftruction de chaque grade en détail, d'abord au pas & fans
fatigue ; on fera commander les Brigadiers, enfuite les
Maréchaux-des-logis & les Officiers, afin de s'affurer que
chacun, fuivant fon grade, foit en état de commander
les manœuvres néceffaires.

Ce détail aura lieu deux fois par femaine, & une heure
chaque fois pour chaque grade.

50.

PENDANT les mois de Juin, Juillet & Août, le Régiment manœuvrera deux fois par femaine, au pas & au
très-petit trot pendant le premier mois, pour accoutumer
les hommes & les chevaux à l'enfemble, & éviter les
accidens que pourroient caufer d'abord des mouvemens
trop précipités. Cet exercice durera trois heures au plus,
y compris le moment du départ & celui du retour.

51.

PENDANT ces trois mois, le Meftre-de-camp fera
monter fon Régiment à cheval avec armes & bagages,
une fois tous les quinze jours, fans l'en prévenir, pour
l'accoutumer à charger & à être à cheval promptement
en temps de guerre, lorfque les circonftances l'exigent :

il lui fera faire une promenade à une lieue environ , &
le ramènera à fon quartier ; ce qui tiendra lieu d'une
manœuvre.

52.

LE Meftre-de-camp fera exercer de temps en temps
les Dragons des différentes Compagnies , à la courfe des
têtes , pour les apprendre à conduire leur chevaux feuls
& à fe fervir de leurs armes , ainfi qu'il eft prefcrit par
l'Inftruction des manœuvres. Cet exercice tiendra gale-
ment lieu d'une manœuvre.

53.

LE mois de Septembre fera employé aux grandes manœuvres , lorfqu'il plaira à Sa Majefté de donner fes ordres pour raffembler & faire cantonner plufieurs Régimens fous les ordres d'un Officier général.

54.

LE mois d'Octobre étant le moment du départ des
Semeftriers , fera un mois de repos , pendant lequel on
promènera les chevaux.

55.

OUTRE les exercices prefcrits ci-deffus , chaque Régiment de Dragons fera encore exercé à pied , foit en to-
talité , par Efcadron ou Compagnie une fois par femaine,
depuis le premier Juin jufqu'au dernier Septembre.

56.

LES Commandans des Corps fe conformeront , en
ce qui ne fera point contraire au préfent Réglement , à
tout ce qui eft prefcrit par l'Inftruction des manœuvres
du premier Mai 1767.

L'intention de Sa Majesté est que tous ses Régimens de Dragons se conforment , avec la plus grande exactitude , à ce qui est arrêté par le présent Réglement ; défendant aux Officiers généraux , aux Inspecteurs , aux Commandans des Places & aux Commandans des Corps , de souffrir qu'il y soit rien changé , augmenté ni retranché , en quelque manière & sous quelque prétexte que ce soit. FAIT à Versailles le dix Avril mil sept cent soixante - treize. *Signé* LOUIS. *Et plus bas ,* MONTEYNARD.

A VERSAILLES,
DE L'IMPRIMERIE DU DÉPARTEMENT DE LA GUERRE.

M. DCCLXXIII.

10. avril 1773.

398.

1ᵉ Comp.

2ᵉ   1ᵉ Div

A●●●BB●●●AMLC A TT T_{mj} ●●●Q

●●●AA●●●●BS   TT

F

FORMATION à Cheval
D'UN RÉGIMENT DE DRAGONS EN BATAIL[LE]

3. Efcadron.

2. Efcadron.

FORMATION à Pied d'un Régiment de Dragons en [Bataille]

3. Efcadron.

2. Efcadron.

INDICATION.

C. Maître de Camp	M. Major	S. Sous aide Major	Gendres	L. Lieutenant	F. Fourier
L. Lieutenant Colonel	A. Aide Major	Q. Quartier Maître	C. Capitaine	S. Sous Lieutenant	M. Maréchal des [logis]

FORMATION à Cheval

D'UN RÉGIMENT DE DRAGONS EN BATAILLE.

2. Escadron. 1. Escadron.

FORMATION à Pied d'un Régiment de Dragons en Bataille.

2. Escadron. 1. Escadron.

INDICATION.

M. Major — N. Aide Major — S. Sous aide Major — Q. Quartier Maître — C. Gardien — C_p Capitaine — L. Lieutenant — S. Sous Lieutenant — F. Fourier — M. Maréchal des Logis — B. Brigadier — A. Appointé — O. Dragon — T. Trompette